JN028771

頭が
よくなる！ はじめての
寝るまえ
1分おんどく

脳科学者 加藤俊徳 監修

西東社

はじめに

子どもの才能が飛躍的に伸びる 脳科学音読メソッド

この本は、子どもの脳発達とことばの発達の視点から言語の習得をサポートし、子どもと音読の時間をすごせばすごすほど、地頭が育つ本です。

私は、絵本の文字がまったく読めず、絵ばかりながめている子どもでした。文字を声に出して読もうとするのですが、ことばとして意味を理解できず、疲れ果て、結局読むのをあきらめていました。たとえば「おおきなもも」は、「お」「お」「き」「な」「も」「も」、と独立した6文字のひらがなにしか認識できないのです。「読む」というのは、すべての学習の基盤となるものですが、私は小学生になっても「読む」ことに大変苦労しました。「なぜ自分は文字がスラスラ読めないのだろう」——この困難と疑問が原動力となって、小児科専門医になり脳の研究にも取り組みました。そして、子どもの脳の中の8つの脳番地（P4）の発達に一致して、ことばの発達が進むことを解明しました。

乳児期と言われる1才までは、音をことばとして認知できるようになるための脳の準備期間です。いろいろな音が耳に届くことで聴覚系が刺激され、「ばばば」「ままま」などの喃語（なんご）がさかんになって運動系をトレーニングしています。

1才から幼児期に入ると、音からことばへの変換期。この時期に音読をスタートすると才能を存分に伸ばすことができます。音読と言っても、この時期に子どもに無理やり文字をおぼえさせるのではありません。親が愛情をこめて、耳元でやさしく、ゆっくりと、くり返し読んで聞かせてあげてほしいのです。表現豊かな絵を見ることで視覚系、親のことばをくり返し聴くことで記憶系も発達していきます。

ことばの発達と脳科学音読

1才 音からことばへ ことば変換期

1語 ねこ

絵を見せながら、耳元でやさしく、ゆっくりと、くり返し読み聞かせて。音が意味をもつことばとなり、蓄積されていきます。

2才 まねっこ大好き ことば増加期

2語文 ねこ　かわいい

読み聞かせる際に、顔を見せてあげるようにします。2語程度の文を読んでみるようにうながしましょう。

２才を過ぎると、ことばが定着しはじめて話す脳の準備が整い、伝達系が機能して２・３語をまねして復唱できるようになってきます。たくさんのことばに触れるほど理解系・感情系の脳番地も育っていきます。３才を過ぎる頃には、「なぜ？どうして？」と、疑問をあれこれ投げかけながら思考系もきたえ、コミュニケーション能力の基礎が身についていきます。

そして、４才から５才までの２年間に最初の言語発達の旬を迎えます。「見ながら聴き、まねる」を習慣にしてきた子どもは、８つの脳番地がスムーズに連動し、ことばで脳を働かせることができるようになります。この充実感は「読みたい」意欲へとつながり、脳科学音読メソッドによって苦労なくことばと文字が結びついて、文字を読む脳番地のしくみができあがっていくのです。

寝るまえ１分の音読習慣で、かけがえのない親子の絆を深め、安心した眠りへと導いて、お子さんの脳と心と体がすくすくと成長することを願っています。

脳科学者　**加藤俊徳**

子どもを伸ばす親のかかわり方

① 大人自身が楽しみましょう！

大人が進んで音読し、子どもとの音読スキンシップ、コミュニケーションを楽しむことで、子どもにとって大好きな時間となります。

② 子どもの「気分」を尊重して

子どもは好奇心旺盛で移り気です。予定とは違うページや、違う本を読みたがっても、自発性と捉えて大切にしてあげてください。

③ スモールステップで達成感の積み重ねを

むずかしい文章に進むことより、「１文字読めた」「１語読めた」をほめてあげることが、子どもの成長につながります。

4~6語文

4~5才 ひらがなに興味 言語発達期

あした ねこの おもちゃを かいに いく

ことばと文字が結びつきはじめます。親はしっかり子どもの音読を聴いてあげ、わかったことや、感想などを伝えましょう。

3・4語文

3才 あれこれ質問 会話成長期

ねこは どうやって うまれるの？

読み聞かせる際に、読んでいる箇所を指さしてあげましょう。短い語数からはじめて、どれくらいの長さの文まで復唱できるか、挑戦ゲームもおすすめです。

おやすみまえの親子タイム

1分おんどくで育脳

寝るまえの1分間の音読習慣は、脳を育てるだけでなく
心をはぐくみ、子どもの才能を引き出します。

右脳が優位な時期に左脳も刺激することで
脳はぐんぐん成長します

　赤ちゃんの脳発達は、五感からさまざまなことを認識し、感性を司る「右脳」からはじまります。やや遅れて言語の中枢である「左脳」が発達しはじめます。子どもは1才前後から少しずつ、見たものや見たこととことばや文字を結びつけて、脳が発達していくのです。1・2才から読み聞かせ音読をスタートすると、右脳と左脳が同時にきたえられ、さらには、機能ごとに8つのエリアにわかれる脳番地がつながり、脳は目覚ましく発達します。

★ 脳番地の機能と音読の効果 ★

1 視覚
目で見たことを脳に伝える。「絵」「文字」を見ることで刺激

2 運動
体の動きをコントロールする。「発声」することで刺激

3 聴覚
耳で聴いたことを脳に集める。「ことばを聴く」ことで刺激

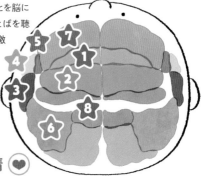

4 記憶
情報を蓄積する。「ことばを脳にインプットする」ことで刺激

5 伝達
考えや気持ちを伝えるコミュニケーションに関わる。「音読して人に聞かせる」ことで刺激

6 理解
情報を整理して理解する。「ことばを理解」することで刺激

7 思考
考え、判断する機能が集まる。「絵や文の意味を考える」ことで刺激

8 感情
喜怒哀楽の感情表現を司る。「絵や文章を楽しむ」ことで刺激

寝るまえの親子音読スキンシップは
心もはぐくみ、良質な眠りに導きます

　著しく脳が発達する幼児期は、夜、脳をしっかり休めることが大切です。脳は就寝中に日中に受けた刺激をしずめ、記憶を整理して定着させます。入眠前の音読で大切にしてほしいのはスキンシップ。まだ文字を読めなくても大丈夫です。ふれ合いながら親の声を聴き、絵と文字をながめ、まねして発声できれば百点満点！　楽しい音読タイムは心地よい眠りに導き、脳をすこやかに成長させ、学びも定着させて地頭が育ちます。

★ やしないたい「読む力」の土台となる4つの力 ★

楽しい読み聞かせ音読で
『ことばを聴く力』

聴くことで音とことばが結びつき、聴覚が発達します。聴く力は自分で発声する際にも重要です。やさしく、ゆっくりとくり返し読み聞かせてあげましょう。

楽しく絵と文字をながめて
『ことばを認識する力』

文字を読むためには文字を認識する力が必要となります。本書を楽しくながめながらことばを聴くうちに、ことばと文字と音が自然と結びついてきます。

あ！

復唱を楽しんで
『ことばを発声する力』

おおきな
もも！

おおきな
もも！

ことばを発声するには、脳とからだの連動が必要です。子どもはまねっこが大好きですから、口元を見せながら読んで聞かせてあげると楽しく復唱できます。

達成感＆自信をつけて
『読むことへの意欲』

すごい！

じょうず！

わがはいは…

この時期の子どもはスラスラと読めなくてあたり前です。親は先を求めず、子どもの小さな成長を見逃さず、ほめることに念頭して。自信がつくとどんどんチャレンジしたくなるものです。

成長に合わせて楽しく続けられる、
脳科学音読ならではのくふうが満載です。

得られることばの数が
わかります

「きょうは3つのことばをおぼえよう!」など、
はじめに見通しや成果を伝えてあげると、や
る気がぐっとアップします。

※ひとつの語のまとまりでカウントしています。表現が
　少しでも違うものはカウントし、まったく同じものは
　除いています。作品名、作者名はカウントしていません。

3つのステップで
「できた!」を確認

「しっかり聴けたね!」「続いて言えたね!」など、
できたことをしっかりほめてマークしてあげましょ
う。子どもの成長段階の確認にもなります。

はっきりと みましょう

ことば 1

みながら きけた　2 まねして いえた　3 じぶんで よめた

あかい ふうせん

あ!

あそびのたのしみ
ふうせんは　どこへ
とんで　いくのかな?

13

⚠ 1〜25

シンプルな語、口のカタチ、表情で
音と文字と意味が結びつきます

太く大きな文字で
読みやすい

脳科学にもとづき、幼児
に親しみやすく、脳が認
識しやすい質量のある書
体を採用しています。

楽しいイラストで
興味と理解を
深めます

ことばと文章の理解を促す
ように描かれた、色彩豊
かなイラスト入り。「読みた
い!」気持ちを刺激します。

1〜25までは、「あ!」「やあ」など、感動
やおどろき、呼びかけといった口をついて出て
くる最もシンプルな語から、音と文字と意味を
結びつけていきます。助詞を含まない3語文
で、「あ」から「ん」までのひらがな50音(「を」
を除く)を網羅しています。はじめは右ペー
ジだけをくり返し読むのもおすすめです。記号
がついている語は、発声を「!(強く)」「──
(長く伸ばす)」「?(強く)」と意識してください。
筋力がきたえられて音読力がアップします。

6

読み方を意識して音読の質を高めましょう

ことばに合わせて読み方を意識すると、より育脳効果がアップします。親御さんが読んで聞かせるときも、ぜひ意識して。特に活性化する「脳番地」(→P4)を、アイコンで示しています。

- 【視覚】そうぞうして
- 【運動】りずむよく
- 【聴覚】うたうように
- 【記憶】ゆっくりと
- 【伝達】はっきりと
- 【理解】たのしく
- 【思考】かんがえながら
- 【感情】こころを こめて

文章の難易度が発達に合わせて少しずつアップします

文章構成の語数、文章量、表現が少しずつステップアップしていきます。文字のサイズもだんだんと小さくなっていきます。

(!) 26〜130 助詞などを区別してことばの認識&理解をサポート

文字をおぼえはじめの子どもにとって、単語と助詞の区別のしづらさが、読みづらさにつながることが多くあります。**26**からは区別すると読みやすい語に印をつけています。**90**までは、さらに間隔もあけているので、読み聞かせるときは**間をあけ、印の語を少し強調**してください。

ことばの理解を深めるための解説

名作の基礎知識や難しいことばなどについて解説しています。親御さんのことばで説明してあげてください。

豊かなことばにふれられ語いを増やせます

名作、昔ばなし、詩歌、ことわざなど、さまざまなジャンルの表現豊かなことばにふれることができ、語いを増やせます。

- ことば
- めいさく
- むかしばなし
- し・うた
- ことばあそび
- ちしき
- ことわざ
- よじじゅくご
- はいく
- たんか
- こてん
- めいげん

楽しみながら観察力・思考力もはぐくみます

音読からさらに思考を広げ、ことばやイラストを味わうためのコラムです。答えは記載していません。ぜひ自由な発想を大切に、お子さんとのコミュニケーションを楽しんでください。

もくじ

《おうちのかたへ》

※音読する文章・タイトルは小学校一年生向けの国語の教科書にならい、語と語の間、または文節と文節の間を空ける「分かち書き」で表記しました。

※1〜90まではすべてひらがな表記にしています。ただし、本来カタカナ表記の伸ばす音については、音の伸びを捉えやすいよう長音符号のまま表記しています。

※91以降は、カタカナ表記のまま表記しています。

※古文などの歴史的仮名づかいは、現代仮名づかいに変えて表記しています。

※名作・昔ばなし・詩・歌について、部分を抽出して掲載しています。作品の入り口として味わい、ぜひ原作にもふれてみてください。

1 ～ 25

ことばと なかよく なりましょう

あかい
ふうせん

おたのしみ
ふうせんは どこへ
とんで いくのかな？

ゆっくりと よみましょう

ことばの数 **3**語

1 みながら きけた　2 まねして いえた　3 じぶんで よめた

い

おたのしみ
はみがきで　はを
ぴかぴかに　しよう!

いつも
はみがき

✿ ゆっくりと よみましょう

ことば
3

ことばの数
3語

1 みながら きけた 2 まねして いえた 3 じぶんで よめた

うー

うめぼし
すっぱい

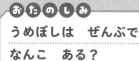

おたのしみ
うめぼしは　ぜんぶで
なんこ　ある？

おたのしみ

ほかには　どんな

ものが　ころがるかな?

えんぴつ
ころがった

はっきりと よみましょう

おたのしみ
いぬが もう いっぴき。
どんな いぬ?

おおきな　いぬ

ゆっくりと よみましょう

ことばの数
3語

1 みながら きけた　2 まねして いえた　3 じぶんで よめた

き —

22

きがえ
たいへん

23

く

くつ
ぬれた

おたのしみ
くつが　ぬれると
どんな　きもち？

さ！

さいころ
ふろう

ゆっくりと よみましょう

 ことば
9

ことばの数
3語
| ① みながら きけた | ② まねして いえた | ③ じぶんで よめた |

しー

28

しろくま
ねちゃった

おたのしみ
しろくまは　どんな　ゆめを
みて　いるのかな？

そう

そうめん
たべたい

おたのしみ
そうめんが　たべたく
なる　きせつは？

にっこり
えがお

おたのしみ
どうぶつの　なまえを　いって　みよう。

ゆっくりと よみましょう

ことばの数
3語

1 みながら きけた　2 まねして いえた　3 じぶんで よめた

ぬ
ぬ
ぬ

34

ぬいぐるみ おかたづけ

おたのしみ
ぬいぐるみは　ぜんぶで　なんこ？

35

ねこ てまねき

おたのしみ
ねこは どんな
こえで なく？

はっきりと よみましょう

ことば
14

ことばの数
3語

1 みながら きけた　2 まねして いえた　3 じぶんで よめた

はははは

おたのしみ
はっぱで あそんだ
ことは ある?

はっぱ
ゆかい

ひ
ー

ひかげ
ひんやり

おたのしみ
なつの　ひかげは
すずしいよ。

ふえ

ふいた

おたのしみ
ふえは　どんな　おとで
なったかな？

へえ

へや きれい

おたのしみ　へやには　なにが　あるかな？

ゆっくりと よみましょう

ことばの数 3語

1 みながら きけた　2 まねして いえた　3 じぶんで よめた

ほ
ら

ほたる ひかった

おたのしみ

ほたるが　ひかるのは
どうしてだと　おもう？

まぐろ はやい

おたのしみ
まぐろは どこに
すんで いるのかな？

ゆっくりと よみましょう

ことばの数
3語

1 みながら きけた　　2 まねして いえた　　3 じぶんで よめた

む む

むしとり むずかしい

おたのしみ
くわがたが
かくれんぼ。どこ？

も
—

おたのしみ
この もちは どうして
かたいのかな？

もち

かたい

や

あ

やどかり
たのしい

おたのしみ
ひとでは　どこに　いるかな？

はっきりと よみましょう

ことば
23

ことばの数
3語

1 みながら きけた　2 まねして いえた　3 じぶんで よめた

よ！

おたのしみ
ともだちと　なにを
して　あそびたい？

ようこそ

ともだち

ゆっくりと よみましょう

 ことば
24

ことばの数
3語

1 みながら きけた　2 まねして いえた　3 じぶんで よめた

わー

58

わたがし
あまい

おたのしみ

おまつりで
なにが　たべたい？

ん
？

おたのしみ

ぶらんこに　のった
どうぶつの　なまえは？

ぱんだ
どこ？

はじめまして！　ぼくらは
「ことばくっつけるんじゃー」。
ことばと　ことばを　くっつけて
ぶんを　つくるのが　しごとさ！
ぼくらの　しごとを
ちょっとだけ　おしえちゃうよ！

だいかつやく！
ことばくっつけるんじゃー

ことばくっつけるんじゃー
「は」「へ」「を」
さんじょう！！

62

くっつけるんじゃー

「は」と かいて
「わ」と よむ！
くっつけるんじゃーの
ときは よみかたが かわるんだ！

はな は きれい

おっと！ 「わ」は
「くっつけるんじゃー」
では ないので
ごちゅういを！

わたしたちは
いつも、ことばの
うしろに くっついて
いるのよ。

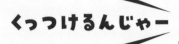
くっつけるんじゃー

「へ」と　かいて
「え」と　よむ！
いま　「へえ」って　おもった!?

こうえん いく

くっつけるんじゃー

「を」と　かいて
「お」と　よむんだ！
ぼくの　しごとは　くっつける　ことだけ！
ことばの　なかには　はいらないよ！

おやつ たべる

「ことばくっつけるんじゃー」は、
まだまだ　なかまが　いるよ。
164ページも　よんで　みてね！

64

26 ～ 60

ことばを
たのしみ
ましょう

だるまさんが

ころんだ

おたのしみ
ころんだら どんな
おとが した？

『おむすび ころりん』

おむすび
ころりん
すっとんとん

おたのしみ
おむすびは どこへ いくのかな？

『あたま　かた　ひざ　ぽん』

あたま　かた

ひざ　ぽん

め　みみ

はな　くち

おたのしみ

「おなか」は　どこ？
「まゆげ」は　どこ？

『おおきな たいこ』
＊こばやし じゅんいち

おおきな
たいこ

70

どーん　どーん

ちいさな たいこ

とん とん

とん

『こぶたぬきつねこ』

＊やまもと　なおずみ

こぶた　たぬき

きつね　ねこ

おたのしみ
おなかを　たたいた　どうぶつは？

72

ぶぶぶー

ぽんぽこ　ぽん

こん　こん

にゃーお

おには
ふくは
おに
は
は
そと
うち

ことばのちしき

２月３日の節分には、「鬼は外！　福は内！」という掛け声と共に豆をまきます。家から鬼（災い）を追い出し、福の神（幸せ）を呼び込むという風習です。

『さるかにがっせん』

はやく

めを

だせ

かきの

たね

おたのしみ
かきは どんな あじかな？

75

はっきりと よみましょう

1 みながら きけた　2 まねして いえた　3 じぶんで よめた

『わがはいは ねこで ある』

＊なつめ そうせき

わがはいは
ねこで
ある。

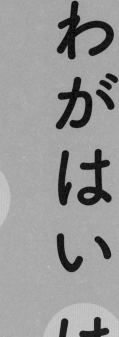

ことばのちしき
夏目漱石の小説『吾輩は猫である』
の冒頭文です。物語の語り手「吾輩」
は、教師の苦沙弥先生に飼われる猫。
「吾輩」は「私」の古い言い方です。

76

『はしれ　めろす』

＊だざい　おさむ

めろす は
げきどした。

ことばのちしき
太宰治の小説『走れメロス』の冒頭文。
羊飼いの青年・メロスは、無慈悲な
国王にいきどおり、自分の命をかけ
て、王の行いを正そうとします。

そうぞうして よみましょう

ことばの数 5語

1 みながら きけた　2 まねして いえた　3 じぶんで よめた

おこった とき

かちん

むかむか

ぷんぷん

おたのしみ

なにが あったのかな？

78

うれしい とき

うきうき

わくわく

るんるん

おたのしみ
なにが あったのかな？

なかよしの
あいことば

かして
どうぞ

80

いれて
いいよ

ありがとう
いい きもち

おたのしみ
あなたが いわれて うれしい ことばは？

『あがりめ　さがりめ』

あがりめ
さがりめ

ぐるりと
まわって
ねこのめ

おたのしみ
きつねの めは どんな め?

83

うたうように よみましょう

ことばの数
6語

1 みながら きけた　2 まねして いえた　3 じぶんで よめた

『あかい とり ことり』 ＊きたはら はくしゅう

あかい とり

ことり

なぜ なぜ あかい

なぜ あかい

84

あかい

みを

たべた

おたのしみ
あおい　みが
ひとつ。さがしてね。

あかぱじゃま

あおぱじゃま

きぱじゃま

morning
もーにんぐ

よる

ひる

あさ

いちにち

night
ないと

daytime
でいたいむ

おたのしみ
「あさ」「ひる」「よる」を
えから　さがそう。

87

いっしゅうかんの
ようびの いいかた

げつ
か
すい
もく♪

88

き

ん

ど

に

ち

おたのしみ
きょうは
なんようびかな？

『はなさかじいさん』

かれきに
はなを
さかせましょう

おたのしみ
「すもも」は どっち？

すももも
ももも
ももの
うち

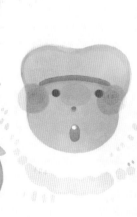

あめの おと

しとしと

ぱらぱら

ばらばら

ざあざあ

どしゃどしゃ

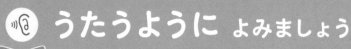

『てるてるぼうず』

＊あさはら　きょうそん

てるてるぼうず

てるぼうず

おたのしみ
かたつむりが
かくれんぼ。どこ？

あした てんきに して おくれ

はっきりと よみましょう

ちしき
47

ことばの数
5語

1 みながら きけた
2 まねして いえた
3 じぶんで よめた

あいさつ

おはよう

こんにちは

Good
morning
ぐっもーにんぐ

Hello
へろぅ

こんばんは
おやすみなさい

ことばのちしき

「こんにちは」「こんばんは」の「は」は「わ」と発音します。「今日はご機嫌いかがですか」などのあいさつが、簡略化されたかたちです。

Good evening
ぐでぃーうにんぐ

Good night
ぐっないと

97

ねる こは そだつ

おたのしみ
どんな ゆめが
みたい？

98

はやおきは さんもんの とく

ことばのちしき
朝早く起きると、体のリズムが整って健康になるなど、いいことがあるということわざ。「三文」は、江戸時代のお金の単位で100円ほど。

99

『かぜ の またさぶろう』 ＊みやざわ けんじ

どっどど
どどうど
どどうど
どどう

ことばのちしき
宮沢賢治は「オノマトペ（音や声、状態をまねた
言葉）」の達人。風の音や、雪の上をリズミカル
に歩く音など、言葉の楽しさを味わいましょう。

『ゆきわたり』①
＊みやざわ けんじ

きっく きっく
とん とん
きっく きっく
とん とん
きっく きっく
とん とん

『おおきな　かぶ』

うんとこしょ
どっこいしょ

まだまだ
かぶは
ぬけません。

103

はっきりと よみましょう

ちしき
53

ことばの数
7語

1 みながら きけた　2 まねして いえた　3 じぶんで よめた

おいしい にほん の りょうり

あなたは どの
りょうりが すき？

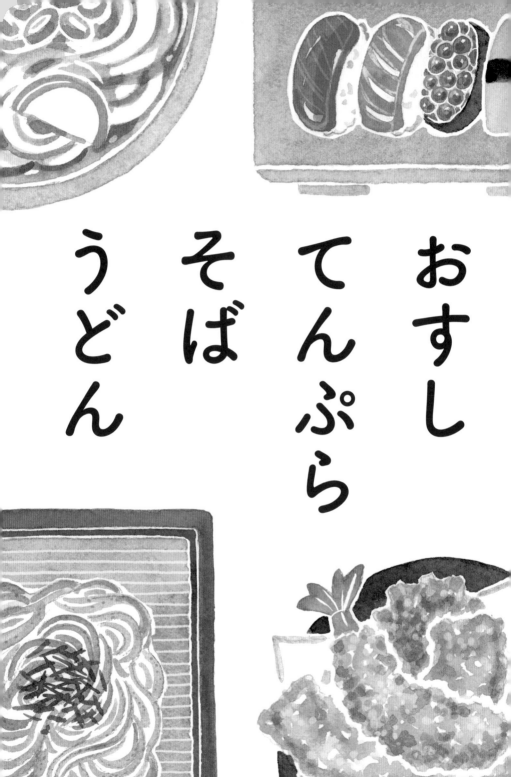

おすし

てんぷら

そば

うどん

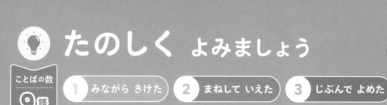

たのしく よみましょう

ことばの数
9語

1 みながら きけた　2 まねして いえた　3 じぶんで よめた

し・うた
54

『おならうた』 *たにかわ　しゅんたろう

いも くって ぶ

くり くって ぼ

106

『ももたろう』①

どんぶらこ

どんぶらこ

かわかみ から
おおきな もも が
ながれて きました。

おたのしみ
この ももは なんだろう?

『ぞうさん』 ＊まど・みちお

ぞうさん　ぞうさん

おはなが

ながい のね

そうよ
かあさんも
ながい のよ

おたのしみ
どちらの はなが ながい？

はんたい ことば①

ながいと みじかい

おたのしみ
ながい　へびは
なにいろ？

かんがえながら よみましょう

ちしき
58

ことばの数
4語

1 みながら きけた　2 まねして いえた　3 じぶんで よめた

はんたい　ことば②

たかいと
ひくい

おたのしみ
ほかに　どんな　はんたい　ことばが　あるかな？

113

ひつじが いっぴき

ひつじが にひき

ひつじが さんびき

ひつじが よんひき

ごひき　ろっぴき

ななひき　はっぴき

きゅうひき

じっぴき

おたのしみ
かぞえられるまで　つづけて　みよう。

ことばのちしき
「ななひき」は「しちひき」、「じっぴき」は「じゅっぴき」と数えても、間違いではありません。

いろいろな かたち

おりがみ　しかく

おると　さんかく

きると　まる

61 ～ 90

ぶんしょうと
なかよく
なりましょう

えびで たいを つる

ことばのちしき
小さく安価なエビで、値打ちのあるタイを釣り上げること。転じて、わずかな労力や少ない元手で、大きな利益を得ることのたとえです。

いぬも あるけば ぼうに あたる

ことばのちしき

犬が出歩くと棒でたたかれるなど、思いがけない災難に遭うというたとえ。一方、行動を起こすことで思わぬ幸運に出合うという意味もあります。

119

『はと』

ぽっ ぽっ ぽ

はと ぽっぽ

まめ が ほしいか

そら やるぞ
みんなで
なかよく
たべに こい

『まど』 ＊にいみ なんきち

まどを
あければ

かぜが
くる、

かぜが
くる。

ひかった
かぜが
ふいて くる。

おたのしみ
「ひかった　かぜ」って
どんな　かぜ？

しずかさや
いわに
せみの
しみいる
こえ

ことばのちしき
松尾芭蕉が出羽（山形県）の立石寺で詠んだ句。立石寺は、岩壁に建つお堂が有名な山寺です。静寂のなかに、セミの声が響く様子を表しています。

そうぞうして よみましょう

ことばの数
5語

1 みながら きけた　2 まねして いえた　3 じぶんで よめた

ありの みち

くもの

みねより

つづきけん

ことばのちしき
小林一茶（いっさ）の作。えんえんと続くアリの行列は、空高くもり上がる入道雲（雲の峰）から来たかのよう。

きせつ

さくらが さく

はる

せみが なく

なつ

おたのしみ

いまの きせつを
おしえて。

おちば　まう

あき

ゆきが　ふる

ふゆ

ことばのちしき

四季それぞれを代表する風物詩を挙げています。春夏秋冬で、ほかにどんなものがあるのか、親子で話し合ってみてもよいですね。

『うみ』①

*はやし　りゅうは

うみは　ひろいな

おおきいな

つきが　のぼるし

ひが　しずむ

ことばのちしき

満月は、日没の頃に東の海から昇ります。一方の太陽は、西の海に沈みます。それぞれの海の美しさを表現した歌といえます。

128

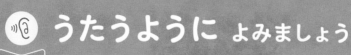

『うみ』②

＊はやし りゅうは

うみに おふねを

うかばせて

いって みたいな

よその くに

129

『うさぎ　うさぎ』

うさぎ　うさぎ

なに　みて

はねる

ことばのちしき
「十五夜」は、陰暦8月15日（現在の9月中旬〜10月上旬）の夜のこと。空が澄み渡り、一年で最も月が美しく見えるとされています。

130

じゅうごや
おつきさま
みて
はねる

おたのしみ
きょうの つきは
どんな かたち？

131

『ももたろう』②

いぬが きて ももたろうに いいました。

「きびだんごを
ひとつ ください。
おにたいじに
おともします。」

りずむよく よみましょう

ことばの数 8語

1 みながら きけた　2 まねして いえた　3 じぶんで よめた

つるは せんねん
かめは まんねん

ことばのちしき

「つるは…」は、鶴と亀が千年万年の長寿を保つという伝説から、縁起がよいことのたとえ。「おどろき…」は、とても驚いたときの言い回しです。

134

おどろき

ももの き

さんしょのき

『ひらいた ひらいた』

ひらいた ひらいた

なんの はなが ひらいた

ひらいた

れんげの　はなが　ひらいた

ことばのちしき
歌詞の「蓮華の花」は、ハスの花のこと。野の花「ゲンゲ」が、「レンゲ」と呼ばれることもあるのは、花の形がハスに似ているためです。

この　くぎ は
ひきぬきにくい
くぎだ

たのしく よみましょう

ことばあそび
75

ことばの数
3語

1 みながら きけた
2 まねして いえた
3 じぶんで よめた

らくだに
のると
らくだ

 おたのしみ
あなたが のって
みたい どうぶつは?

おなじ おと、ちがう いみ①

あめ と あめ

はし と はし

140

おなじ おと、ちがう いみ②

くもと くも

たこと たこ

ことばのちしき
76 は「飴と雨」「箸と橋」、77 は「雲と蜘蛛」「凧と蛸」の同音異義語（音が同じで意味が異なる語）。日本語の楽しさを味わいましょう。

『しゃぼんだま』 *のぐち うじょう

しゃぼんだま
とんだ
やねまで とんだ

142

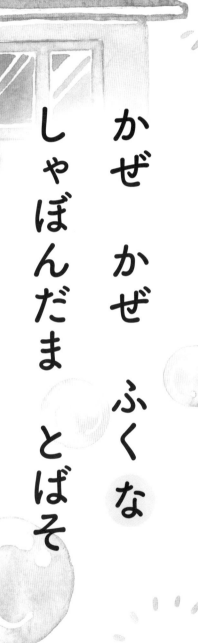

やねまで とんで

こわれて きえた

かぜ かぜ ふくな

しゃぼんだま とばそ

おたのしみ
いままで つくった なかで いちばん
おおきな しゃぼんだまは どれくらい？

りんご　ごりら

らっぱ

ぱいなっぷる

しりとり

ねずみ　ねずみ

かもめ　めがね

るびい　いか

みかん

『がらすまどの むこうで』

＊たちはら みちぞう

がらすまどの
むこうで
あさが ことりと

146

だんすしてます

おてんきの　よい

あおい　そら

おたのしみ
てんきが　よいと
どんな　きもち？

こころを こめて よみましょう

し・うた
81

ことばの数
11語

1 みながら きけた
2 まねして いえた
3 じぶんで よめた

『あひるの うた』 ＊むろう さいせい

あひる

あひる

ゆき ふる

なか で、

はねを　ばたばた
そうじする。
さむく　は　ないか
みずの　なか。

おたのしみ
いけの　なかに
あひるは　なんびき？

『ぼっちゃん』 *なつめ そうせき

おやゆずりの
むてっぽうで

ことばのちしき

夏目漱石の小説「坊っちゃん」の冒頭文です。主人公は、正義感あふれる教師の「坊っちゃん」。彼が生い立ちを語るところから、物語は始まります。

150

こどもの
ときから
そんばかり
して
いる。

かんがえながら よみましょう

ことわざ
83

ことばの数
4語

1 みながら きけた
2 まねして いえた
3 じぶんで よめた

あたま
かくして
しり
かくさず

ことばのちしき

悪事や欠点など、都合の悪いことはすべて隠したつもりでも、一部分が見えていることのたとえ。

ぬきあし
さしあし
しのびあし

おたのしみ

しのびあしで
あるいて みよう。

のどかさに
ねて
しまいけり
くさの
うえ

ことばのちしき
俳人・松根東洋城の作。のどか
な春の日、草の上でのんびりと
眠る心地よさを表しています。

154

ほしづきよ

そらの

たかさよ

おおきさよ

ことばのちしき

作者の江左尚白は、芭蕉の門人。「星月夜」は満天の星が月夜のように明るい夜のことで、秋の星空の高さ・大きさへの感動を、素直に表現した句です。

『おつきよ』　*きたはら　はくしゅう

とん、とん、とん、

あけて ください。

どなたです。

わたしゃ
このはよ。
とん、ことり。

『ちゅうもんの おおい りょうりてん』

＊みやざわ けんじ

かぜが

どうと

ふいて きて、

ことばのちしき

猟をしに来たものの、山奥ですっかり道に迷ってし
まった二人の若い紳士。風に揺れる草や木の音も、
不穏な雰囲気をかもし出しています。

くさは　ざわざわ、

このはは　かさかさ、

きは　ごとんごとんと

なりました。

『おおかみと しちひきの こやぎ』

「おおかみが きても、

けっして どあを

あけては

いけませんよ。」

おかあさんやぎは
こやぎたちに
いいきかせると、
もりへ
でかけて　いきました。

おたのしみ
きいろい　りぼんの
こやぎは　どこ？

たのしく よみましょう

しりうた
90

ことばの数
8語

1 みながら きけた
2 まねして いえた
3 じぶんで よめた

『おにの ぱんつ』

おにの
ぱんつは
いい ぱんつ
つよいぞ つよいぞ

162

ごねん
はいても
やぶれない
つよい ぞ

つよい ぞ

おたのしみ
おにの ぱんつは どんな がら？

163

まいごの ことばくっつけるんじゃー

「ことばくっつけるんじゃー」は
ことばと ことばを くっつけて
おはなしを とどけるよ。
きょうは すいぞくかんで しごとだ!

ことばくっつけるんじゃー
だいしゅうごう!!

でも……
みんなが まいごに
なっちゃった!

○に　はいる　くっつけるんじゃーを　さがして、
ことばと　ことばを　くっつけて！
ちかくに　いる　くっつけるんじゃーが　ひんとだよ。

ぼく○　ぺんぎん○

ばす○

すいぞくかん○

やって　きた。

あしか○

たまのり。

あしか○

たまのり○

みてから、

つぎ○○

なに○　みる？

わぁ！　ぺんぎん○
こうしんして　いるよ。

ちょっと　まって！
どこ○　いくの!?

はじまるよ！
しょー○
いるか○

※○には複数の助詞があてはまる場合があります。文章が成り立てば、まちがいではありません。いろいろな助詞をあてはめてみるのも楽しいですね。

ことばと　ことばが　くっついて
おはなしが　かんせい！
みんな　ありがとう！

91 ～ 130

ぶんしょうを
たのしみ
ましょう

はれし　そら

あおげば

いつも

おたのしみ
くちぶえ　ふける？
ためして　みよう。

くちぶえを
ふきたく　なりて
ふきて
あそびき

ことばのちしき
歌人・石川啄木が、岩手で過ごした
中学時代を懐かしんで詠んだ一首。
青空を仰ぎ見て口笛を吹く、開放感
あふれる気持ちが歌になっています。

169

『あめの うた』 *つるみ まさお

あめは ひとりじゃ
うたえない
きっと だれかと
いっしょだよ

170

やねと　いっしょに

やねの　うた

つちと　いっしょに

つちの　うた

おたのしみ
あめは　どんな　うたを
うたって　いるのかな？

そうぞうして よみましょう

ことばの数
11語

1 みながら きけた　　2 まねして いえた　　3 じぶんで よめた

『こんこん　こなゆき　ふる　あさに』
＊みよし　たつじ

こんこん　こなゆき

ふる　あさに

うめが　いちりん

さきました

172

また すいせんも

うみに むかって

さきました

さきました

ことばのちしき
粉雪が散らつく朝、枝に一輪だけ咲いた梅、そして花開いた水仙。まだ厳しい寒さのなか、少しずつ季節が春へと向かう様子が表現されています。

はっきりと よみましょう

ことわざ
94

ことばの数
4語

1 みながら きけた
2 まねして いえた
3 じぶんで よめた

あおは
あいより
あいより
あおし
いでて

ことばのちしき

かつては、青色の染料を藍という草からとりました。染料の方が、元の藍よりも青いことから生まれた言葉です。転じて、弟子が師匠よりも優れること。

174

バナナの
なぞは
まだ
なぞなのだぞ

おたのしみ
えの なかに
バナナは なんぼん?

175

『とんでった　バナナ』

*かたおか　ひかる

バナナが　いっぽん
ありました
あおい　みなみの
そらの　した

こどもが　ふたりで
とりやっこ
バナナは　つるんと
とんでった

177

『かもめの すいへいさん』
*たけうち としこ

かもめの
すいへいさん
ならんだ
すいへいさん

白いカモメを、白い帽子をかぶり、白いシャツや服
を着た水兵になぞらえた歌です。「水兵」とは、海
軍に所属し、主に海の上で働く兵士のことです。

しろい　ぼうし

しろい　シャツ

しろい　ふく

なみに

チャップ　チャップ

うかんでる

『セロひきの　ゴーシュ』
＊みやざわ　けんじ

ゴーシュは

セロを　とりあげて

ボロン　ボロン　ボロンと

いとを　あわせて

180

ド レ ミ ファ
（ど）（れ）（み）（ふぁ）

ソ ラ シ ド
（そ）（ら）（し）（ど）

と

ひきました。

おたのしみ

はしらの　かげに
いる　どうぶつは？

ことばのちしき

「セロ」とはチェロのこと。ゴーシュは、チェロが上手く弾けずに
悩む楽団員。あるときから毎夜、彼を動物たちが訪ねてくるよう
になりました。ねこ、かっこう、子だぬき、ねずみの親子……。

181

『シンデレラ』

ゴーン ゴーン
じゅうにじの
なって います。
かねが

「たいへん、まほうが
とけて　しまう！」

シンデレラは
いそいで　かいだんを

かけおりました。

おたのしみ
シンデレラが
おとした　ものは　なに？

かんがえながら よみましょう

むかしばなし
100

ことばの数
11語

1 みながら きけた　　2 まねして いえた　　3 じぶんで よめた

『アリババ』

「ひらけ ごま！」

アリババが

じゅもんを

となえると、

おおきな　いわが
パッと　われて
いりぐちが
あらわれました。

うたうように よみましょう

し・うた
101

ことばの数
12語

1 みながら きけた　2 まねして いえた　3 じぶんで よめた

『おてらの　おしょうさん』

まきました

かぼちゃの　たねを

おしょうさんが

おてらの

めが　でて

ふくらんで

はなが　さいたら

じゃんけん　ぽん！

おたのしみ
じゃんけん　して　みよう。

かき くえば

かねが なるなり

ほうりゅうじ

ことばのちしき
正岡子規の作。　自身が奈良の法隆寺を訪れ、　柿を食べたときに鐘が鳴ったという情景を詠んでいます。

188

『へいけものがたり』

ぎおんしょうじゃの
かねの　こえ、
しょぎょうむじょうの
ひびき　あり。

ことばのちしき

源平合戦を描いた『平家物語』の冒頭文。シャカが教えを説いた祇園精舎の鐘の音は、この世のすべてが移り変わること（諸行無常）を告げています。

👁 そうぞうして よみましょう

たんか
104

ことばの数
9語

1 みながら きけた
2 まねして いえた
3 じぶんで よめた

きたり
やまより
なつの　かぜ

ことばのちしき
与謝野晶子の作で、初夏のさわやかさを感じさせる歌。山から吹き下ろす夏風に、牧場に群れる若馬たちの耳が吹かれる様子が描かれています。

さんびゃくの
まきの　わかうま
みみ　ふかれけり

かんがえながら よみましょう

し・うた
105

ことばの数
12語

1 みながら きけた　2 まねして いえた　3 じぶんで よめた

『てんちの　ふみ』
＊ふくざわ　ゆきち

とうざいなんぼく。

きたを せに

みなみに　むかいて
みぎと　ひだりを
ゆびさせば、
ひだりは　ひがし、
みぎは　にし。

おたのしみ
たいようが　のぼる
ほうがくは？

『とけいの うた』 *つつい けいすけ

コチコチ カッチン

コチコチ カッチン

おとけいさん

うごいてる

194

こどもの　はりと

おとなの　はりと

こんにちは　さようなら

コチコチ　カッチン

さようなら

おたのしみ
「はち」の　すうじは
どこに　ある？

195

💡 たのしく よみましょう

し・うた
107

ことばの数
12語

1 みながら きけた 2 まねして いえた 3 じぶんで よめた

『やぎさん ゆうびん』 ＊まど・みちお

しろやぎさんから おてがみ ついた

くろやぎさんたら よまずに たべた

しかたがないので
おてがみ　かいた
さっきの　てがみの
ごようじ　なあに

たのしく よみましょう

たのしく よみましょう

ことばの数 **12語**

1 みながら きけた 　 2 まねして いえた 　 3 じぶんで よめた

し・うた
108

『スイミー どこかの うみの さかなたち』①

＊きもと けいこ

ぼくたち　みんな

あかいけど

いっぴきだけ　くろい

なかまが　いるよ

おたのしみ
スイミーは どこ？

198

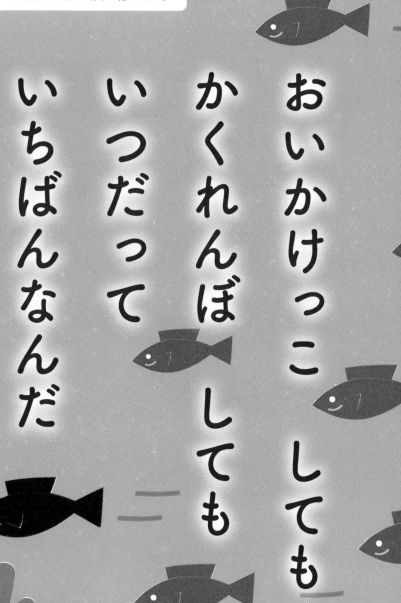

ことばのちしき

原作は、アメリカの作家・レオ レオニの絵本。紹
介文は、音楽劇の一節です。小さな魚たちが力を
合わせて、困難に立ち向かう様子が描かれます。

おいかけっこ　しても

かくれんぼ　しても

いつだって

いちばんなんだ

たのしく よみましょう

し・うた
109

ことばの数
10語

1 みながら きけた　2 まねして いえた　3 じぶんで よめた

『スイミー どこかの うみの さかなたち』②

＊きもと けいこ

いっぴきだけ くろい

スイミーだよ

スイ スイ

ススーイから

ビュン　ビュン

ビュ　ビュン

ビューンって

およぐのが

だいすきなんだ

おたのしみ

ふわふわ　およぐ

くらげは　どこ？

じゅうにん
といろ

みんな ちがって
おもしろい

ことばのちしき

110 の四字熟語「十人十色」は、人それ
ぞれ好みや意見が異なるということ。**111**
の「一期一会」は、その時々の出会いを
一度きりと思い大切にすべきという考え方。

いちご

いちえ

きょうの
であいを
たいせつに

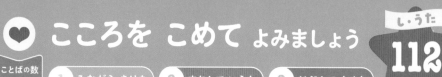

❤ こころを こめて よみましょう

し・うた
112

ことばの数
15語

1 みながら きけた　2 まねして いえた　3 じぶんで よめた

『ひばりの　す』 ＊きのした　ゆうじ

ひばりの　す
みつけた
まだ　だれも
しらない

おたのしみ

すの　なかに
あるのは？

あそこだ　すいしゃごやの　わき

しんりょうしょの

あかい

やねの　みえる

あの　むぎばたけだ

そうぞうして よみましょう

むかしばなし
113

ことばの数
17語

1 みながら きけた　　2 まねして いえた　　3 じぶんで よめた

『いっすんぼうし』

いっすんぼうしは

おかあさんに　ぬいばりを

いっぽん　もらって、

かたなに　して

こしに　さしました。

それから
おわんの　おふねに、
おはしの
かいを　そえて
ふなでを
しました。

おやがめの
うえに
こがめ、
こがめの
うえに
まごがめ、

ひまご

まご

こ

おや

まごがめの
うえに
ひまごがめ。

おたのしみ
まごがめは　したから　なんばんめ？

209

かんがえながら よみましょう

むかしばなし
115

ことばの数
16語

1 みながら きけた　2 まねして いえた　3 じぶんで よめた

『うさぎと　かめ』

「かめくん、
おそいな。
ひとやすみしよう。　ここらで

うさぎは　ぐうぐう
ねむって　しまいました。

かめは　やすまず　あるきつづけました。

そして　とうとう、うさぎとの　きょうそうに　かったのです。

たのしく よみましょう

ことば
116

ことばの数
11語

1 みながら きけた
2 まねして いえた
3 じぶんで よめた

ホットケーキを
やこう!

フライパンに
きじを　とろり。

ぷつぷつして　きたら、

212

ひっくりかえして、

ふんわり、

ほわほわ。

できあがり。

213

こころを こめて よみましょう

し・うた
117

ことばの数
15語

1 みながら きけた　　2 まねして いえた　　3 じぶんで よめた

『おひさん、あめさん』

＊かねこ　みすず

ほこりの　ついた

しばくさを　あめさん

あらって　くれました。

あらって　ぬれた

しばくさを　おひさん

214

ほして　くれました。

こうして

わたしが

ねころんで

そらを　みるのに

よいように。

おたのしみ

ねころんで　そらを
みると　どんな　きもち？

うたうように よみましょう

ことばの数
17語
1 みながら きけた　2 まねして いえた　3 じぶんで よめた

『さんぽ』　＊なかがわ　りえこ

どんどん　いこう

あるくの　だいすき

わたしは　げんき

あるこう

あるこう

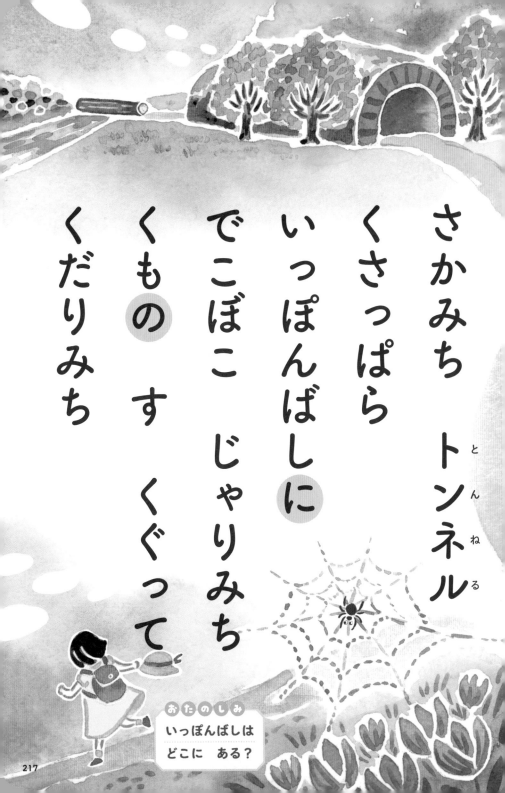

さかみち　トンネル

くさっぱら

いっぽんばしに

でこぼこ　じゃりみち

くもの　す　くぐって

くだりみち

おたのしみ
いっぽんばしは
どこに　ある？

👁 そうぞうして よみましょう

めいさく
119

ことばの数
21語

1 みながら きけた 2 まねして いえた 3 じぶんで よめた

『ジャックと まめの き』

ジャックが

まどの そとを みると、

きのう にわに

なげすてた まめから

めが はえて、

ひとばんの　うちに、

ふとい　まめの　たいぼくが、

みあげるほど　たかく、

そらの　うえまで

のびて　いるのでした。

おたのしみ
そらの　うえには　なにが　あるのかな？

そうぞうして よみましょう

し・うた
120

ことばの数 7語

1 みながら きけた　2 まねして いえた　3 じぶんで よめた

『かたつむりの　ゆめ』　＊かたつむり　でんきち

あのね　ぼく

ゆめの　なかでは ね

ひかりのように

はやく　はしるんだよ

※『のはらうた』（工藤直子）より。

『ほんちょうにじゅうしこう』

つばさが　ほしい
はねが　ほしい
とんで　ゆきたい
しらせたい。

ことばのちしき

歌舞伎の演目の一場面。戦国時代、長尾家の姫・八重垣姫は、恋人である武田勝頼を救うため、兜に宿る霊力を借りようとします。

そうぞうして よみましょう

めいさく
122

ことばの数
13語

1 みながら きけた　2 まねして いえた　3 じぶんで よめた

『ゆきぐに』　*かわばた　やすなり

こっきょうの
ながい
トンネル(とんねる)を
ぬけると
ゆきぐにで
あった。

222

ことばのちしき

川端康成の代表作『雪国』の冒頭文。雪に埋もれた北国の情景です。「信号所」は、列車が行きちがえない単線運転の鉄道などに設けられた施設です。

よるの　そこが
しろく　なった。
しんごうじょに
きしゃが　とまった。

リズムよく よみましょう

めいさく
123

ことばの数
23語
1 みながら きけた　2 まねして いえた　3 じぶんで よめた

『ゆきわたり』②
＊みやざわ　けんじ

しろうと
かんことは
ちいさな
ゆきぐつを　はいて
キック　キック　キック、
のはらに　でました。

おたのしみ
ゆきの　ひ、
なにを　して　あそぶ？

ことばのちしき
『雪渡り』は、雪国の子どもと子ぎつねの交流を描いた童話。「キックキック」「キシリキシリ」など、随所に登場するオノマトペが印象的です。

もりの　なかから

「しみゆき　しんしん、

かたゆき　かんかん。」

と　いいながら、

キシリ　キシリ　ゆきを

しろい　きつねの　こが

ふんで

でて　きました。

かんがえながら よみましょう

めいさく
124

ことばの数
16語

1 みながら きけた　2 まねして いえた　3 じぶんで よめた

『おにたの　ぼうし』
＊あまん　きみこ

まめまきの　おとを

ききながら、

おにたは　おもいました。

（にんげんって

おかしいな。

おには　わるいって、

きめて　いるんだから。

おににも、

いろいろ　あるのにな。

にんげんも、いろいろ

いるみたいに。）

おたのしみ
おにと　ともだちに
なれそう？

こころを こめて よみましょう

めいさく
125

ことばの数
12語

1 みながら きけた　2 まねして いえた　3 じぶんで よめた

『おかあさんの め』 ＊あまん きみこ

うつくしい ものに
であったら、
いっしょうけんめい
みつめなさい。

みつめると、
それが
めに　にじんで、
ちゃあんと　こころに
すみつくのよ。

おたのしみ

「うつくしい　もの」を
かんがえて　みよう。

きみは きみ

われは われ

されど

なかよき

ことばのちしき

小説家・武者小路実篤の言葉。一人ひとりが互いを認め合う大切さを説いています。

はっきりと よみましょう

ことばの数 6語

1 みながら きけた　2 まねして いえた　3 じぶんで よめた

まなびて
ときに これを
ならう。 また
よろこばしからずや。

ことばのちしき

古代中国の思想家・孔子の言葉。学んだことをくり返し復習して自分のものにする、それこそが学問の楽しさだと説きます。

『あめにも　まけず』　＊みやざわ　けんじ

あめにも　まけず

かぜにも　まけず

ゆきにも

なつの　あつさにも

まけぬ

じょうぶな
からだを もち
よくは なく
けっして いからず
いつも しずかに
わらって いる

ことばのちしき
賢治が亡くなった際に、手帳に残されていた文章
「雨ニモマケズ」の冒頭です。賢治が理想とする人
物像が、言葉の端々に表れています。

💡 たのしく よみましょう

し・うた
129

ことばの数
17語

1 みながら きけた　2 まねして いえた　3 じぶんで よめた

『ゆめを かなえて ドラえもん』 ＊くろす かつひこ

やりたい こと
いきたい ばしょ
みつけたら
まよわないで
くつを はいて でかけよう

234

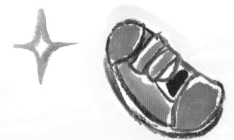

だいじょうぶさ

ひとりじゃない

ぼくが　いるから

キラキラ　かがやく

たからもの

さがそうよ

おたのしみ
あなたは　どこへ
でかけたい？

♥ こころを こめて よみましょう

し・うた
130

ことばの数
13語

1 みながら きけた　2 まねして いえた　3 じぶんで よめた

『ほした　ふとん』 *てづか　しょうぞう

ほした　ふとんは
ひなたの　におい。
ふわり　ほかほか
ひかりの　こどもが
いるみたい。

ほした　ふとんは
ひなたの　におい。
ふわり　ほかほか
ぼくは　だいのじ
いい　きもち。

作者名 さくいん

めいさく・
し・うた

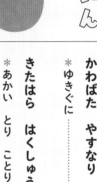

238

《監修》 **加藤俊徳** かとう としのり

脳科学者。小児科専門医。加藤プラチナクリニック院長。株式会社「脳の学校」代表。昭和大学客員教授。発達脳科学・MRI脳画像診断の専門家であり、脳科学音読法、脳番地トレーニングの提唱者。1991年、現在世界700カ所以上の脳研究施設で使用されている脳活動計測「fNIRS」法を発見。1995年から2001年まで米ミネソタ大学放射線科でアルツハイマー病やMRI脳画像研究に従事。『頭がよくなる！寝るまえ1分おんどく366日』（西東社）、『1話5分 おんどく伝記 1〜6年生』『1話5分 おんどく名作 1〜3年生』（世界文化社）、『すごい左利き』（ダイヤモンド社）、『すごい脳の使い方』（サンマーク出版）など監修書・著者多数。

《絵》
いなとめまきこ、おくはらゆめ、小倉マユコ、北村 人、
さいとうかおり、佐々木一澄、seesaw.、志水恵美、中谷靖彦、
林 ユミ、はやはらよしろう（Office446）、フクイサチヨ、
ホリナルミ、丸山誠司、村上朋子、森のくじら

カバー・本文デザイン	棟保雅子
カバーイラスト	林 ユミ
協力	卯月啓子
撮影	原田真理
編集・執筆協力	松田明子、三浦真紀、中谷 晃

頭（あたま）がよくなる！ はじめての寝（ね）るまえ1分（ぷん）おんどく

2023年 4 月 20 日発行　第 1 版
2024年 7 月 10 日発行　第 1 版　第 6 刷

監修者	加藤俊徳
発行者	若松和紀
発行所	株式会社 西東社
	〒113-0034　東京都文京区湯島2-3-13
	https://www.seitosha.co.jp/
	電話　03-5800-3120（代）

※本書に記載のない内容のご質問や著者等の連絡先につきましては、お答えできかねます。

ISBN 978-4-7916-3161-2

ナ	タ	サ	カ	ア
ニ	チ	シ	キ	イ
ヌ	ツ	ス	ク	ウ
ネ	テ	セ	ケ	エ
ノ	ト	ソ	コ	オ

パ	バ	ダ	ザ	ガ
ピ	ビ	ヂ	ジ	ギ
プ	ブ	ヅ	ズ	グ
ペ	ベ	デ	ゼ	ゲ
ポ	ボ	ド	ゾ	ゴ